目次

1 墜落・転落災害を防ごう！

脚立の移動が面倒だからと、天板に乗って身を乗り出しながら蛍光灯の交換作業をしていて、脚立が傾き転落。

● 墜落・転落災害とは……

　高さのあるところから人が落ちる「墜落・転落災害」は、死亡者数ワースト1の労働災害です。建設現場や工場の高所などに限らず、オフィスでも脚立や踏み台などを正しく使わない場合などに、墜落・転落災害が発生しています。

　「1メートルは一命取る」というように、さほどの高さではない場所からの墜落・転落でも命にかかわります。

災害にあわないために

高所作業を行う際には、安全ルールを守りましょう。
- 作業前に作業手順を確認する。
- 定められた設備、用具を使って作業を行う。
- 保護帽（ヘルメット）、墜落制止用器具（安全帯）を着用する。

保護具の活用

高さ２ｍ以上で墜落のおそれのある場所で行う高所作業では、墜落制止用器具の着用が義務付けられています（原則としてフルハーネス型のもの）。
- 墜落制止用器具のフックはできるだけ腰より高い位置に掛ける。
- 墜落時保護用の保護帽も着用する。
- あごひもやベルト類はしっかり締める。

フルハーネス型
墜落制止用器具

脚立の使い方

- 脚部に滑り止めがあるものを使う。
- 開き止め金具は確実にロックする。
- 天板の上に立ったり、脚立にまたがった状態で作業を行わない。踏み桟（足場）が作業面と平行になる向きに脚立を置き、作業者は天板の2段目以下に、脚を軽く開いて立つ。

2 転倒災害を防ごう!

前が見えないほどの荷物を抱えながら急いで歩いていて、
資材につまずいて転倒。

● 転倒災害とは……

「転ぶ」、「滑る」、「つまずく」、「踏み外す」ことで起きる「転倒災害」
は、発生件数がもっとも多い労働災害です。前が見えないほど荷物
を抱えていると、床上の物につまずいて転んでしまいます。

このほか、靴のかかとをつぶして履く、スマホを操作しながら歩
く、わずかな段差を飛び降りるといった不安全行動でも転倒災害は
発生しています。

災害にあわないために

転倒災害を防ぐためには、職場環境を整え、あわてずに作業を行うことが大切です。

職場環境の整備

　職場の４Ｓ（整理、整頓、清掃、清潔）の徹底が基本です。日ごろから転倒の要因を排除しましょう。

- 通路に物を放置しない。
- 床面の汚れ（水、油、粉等）はすぐに取り除く。
- 床面の段差・凸凹、滑りやすい箇所などは、補修する。
- 適切な明るさを確保する。

作業習慣の改善

　転倒災害は、「あわてる・急ぐ」、「錯覚・見落とし」があるときによく起こります。

- 転倒しにくい歩き方を身に付ける（背筋はまっすぐ、視野を広くとる。靴底は引きずらない。歩行中のスマホ、手帳などの使用は厳禁）。
- 出入り口や曲がり角など、見通しの悪いところでは立ち止まり、安全確認。
- 階段の昇降は手すりを持つ。駆け上がったり、一段飛ばしで降りたりしない。
- 一度に多くの荷物は持たない。多くの荷を運ぶときは、台車などを活用する。

3 腰痛を防ごう！

食材を車から台車に積みかえようと、中腰で持ち上げて腰をひねった際に腰痛を起こす。

● 腰痛とは……

　　「腰痛」は、休業4日以上の職業性疾病の約6割を占める労働災害です。腰を曲げて荷物を持ち上げたり、腰を大きくひねったときに発生します。このほか、機械の点検・整備などで狭い場所で無理な姿勢をとったり、中腰のまま作業を行う、あるいは、重量物を繰り返し運搬すると腰部に過度の負担がかかり、腰痛の原因となります。

災害にあわないために

　腰痛にならないためには、作業前にストレッチや体操で体をほぐし、作業時も腰部に負担の少ない作業方法を心掛けましょう。

ストレッチ・体操をしよう

　作業を始める前にストレッチや体操を行って、体をほぐしましょう。特に寒い時期には体が硬くなってしまいがちです。

スクワット　　腰ひねり　　　　　　　　　背伸び

重量物を扱ううえで

- 十分な広さの作業スペースを確保する。無理な姿勢をとらない。
- 重量物は小分けにしたり、複数人で作業を行う。持ち上げるときは台車やリフターなどを活用する。
- 作業場所の気温が低いと、体が硬くなり腰痛を起こしやすくなるため、暖房器具を用いたり、防寒服を着用する。

●正しい荷物の持ち上げ方●

- 荷を持ち上げるときは、片足を少し前に出し、ひざを曲げて腰を十分に降ろす。
- 荷を抱えたら、ひざを伸ばして立ち上がる。

はさまれ・巻き込まれ災害を防ごう！

ロール機を清掃しようと電源を切ったが、早く作業を終わらせようと惰性回転中のロールに手を近づけ、巻き込まれる。

● はさまれ・巻き込まれ災害とは……

　機械が完全に停止していないのに機械の点検・整備のために接近したり、勝手に保護カバーを外したり、安全装置を無効にすると、「はさまれ・巻き込まれ災害」が起こる危険性があります。

　機械の可動部、回転部分に衣服や手指等をはさまれたり巻き込まれたりするのが典型的なケースで、後遺障害が残ることも少なくありません。

12

災害にあわないために

　はさまれ・巻き込まれ災害は、主に動いている機械に手を出してしまうことで発生します。機械を使用する際は、基本を守って作業を行いましょう。

はさまれ・巻き込まれ防止の2大原則

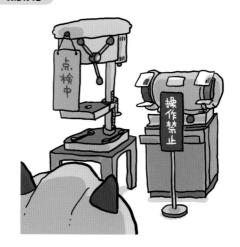

- 機械の可動範囲に体の一部が入らないよう、柵、囲い等のガードを勝手に外さない。外すときは上司の許可を得る。
- 機械の清掃、異物の除去、注油、修理、点検作業などで、機械の可動範囲に体の一部が入る場合は、機械の運転を完全に停止させたことを確認したうえで作業を行う。

作業は基本を守って

このほか、作業を行ううえでは、基本を守って次のように心掛けましょう。

- 作業服の上着の袖口やズボンの裾は、機械に巻き込まれやすいので、ボタンやバンドでとめて乱れがないようにする。同様に、タオル類は身に着けず、頭髪もまとめておく。
- ボール盤やフライス盤などの刃部が回転する機械を操作するときは、手袋は使用しない。
- 機械設備の使用にあたっては事前に、可動範囲、危険範囲、非常停止ボタンの位置、停止する範囲を確認しておく。
- 点検の際には、スイッチを入れられないように「点検中」、「操作禁止」などの標識を機械の操作盤等の近くに掲示する。

5 切れ・こすれ災害を防ごう！

横着して通路で段ボール箱を開封しようとしたところ、ほかの従業員にぶつかられて、カッターで手を切る。

● 切れ・こすれ災害とは……

　　オフィスや作業現場で、急いで作業をしていて、手を切ってしまったり、すりむいてしまうなど、「切れ・こすれ災害」はさまざまな場面で起きています。

　　丸のこ盤やチェーンソーなどの刃部に接触するといった、機械による災害では、手指の切断など、軽微な災害にとどまらないケースもあります。

災害にあわないために

　切れ・こすれ災害を防ぐためには、刃物などの工具や機械を取り扱う際に細心の注意を払いましょう。

カッター（刃物）の取扱い

- 安全に作業できるスペースを確保する。
- 刃が直接手に触れない用具（ひも切りカッター、安全はさみ等）を使用する。
- カッターの使用後は、必ず刃を収める。
- 切創防止手袋やカッティングマットを使用する。

ひも切りカッターを使おう

工具類の取扱い

　作業に不適切な種類、サイズの工具を使うと、無理な力が加わったり、不自然な体勢になってしまい、思わぬケガを招くことがあります。

- ドライバーは、ねじ山のサイズが適合するものを使用する。柄が緩んでいるものや、欠け・割れのあるものは使用しない。
- ポケットに刃物、ヤスリなどを入れておかない。

工作機械の取扱い

- 工作機械等の刃に巻きついた切りくずは鋭利なため、取り除くときは回転が止まってから、手カギなどのジグを使用して行う。

飛来・落下災害を防ごう！

歩きスマホをしていて足元に転がっていた工具を気づかず
に蹴って落としてしまい、階下の作業者にぶつける。

● 飛来・落下災害とは……

「飛来・落下災害」は、飛来物や落下物が人に当たってしまうこと
で起こる災害をいいます。高所から物が落ちると、落下とともに加
速し、当たったときにはヘルメットを貫通するほどの衝撃となるこ
ともあり、重篤な災害につながります。保護具を着用せずに、破片な
どの飛来物が頭部や目に当たる場合も、大変危険です。

災害にあわないために

　飛来・落下災害を防ぐ基本は、物が落下しそうな場所に近づかないことと、物が飛来しても防げるよう保護具を着用することです。

飛来災害を防ぐ

- グラインダ作業などでは、小さな破片等が頭や目に飛んでくることもあるため、作業帽、保護メガネなど、作業に応じた保護具を着用する。
- 切りくずや破片が飛来する方向には、立たない。または、ネットや壁を設ける。
- 切りくずなどはこまめに清掃する。
- 屋外作業では、材料等が風で飛ばないように結束し、強風時は作業を中止する。

耳栓
保護メガネ
防じんマスク
革手袋

落下災害を防ぐ

- つり荷の下に入らない。
- 玉掛け作業では、つり具、ワイヤーロープ、チェーンに損傷がないかを点検する。
- 足元に不要物を置かない。工具類は落下防止ホルダー等に入れ、部品類は袋に収納して落下を防止する。
- 足場には幅木を取り付け、落下危険箇所には安全ネットなどを設置する。

工具は収納して
落下防止は万全に！

激突災害、激突され災害を防ごう！

左右確認をせず、横断歩道を無視してフォークリフトの走行通路を横断しようとしたら、後方を見ずにバック走行してきたフォークリフトに激突される。

● 激突災害、激突され災害とは……

　「激突災害」は人や人が乗った物が、ほかの物にぶつかった場合をいい、人がほかの物にぶつかられた場合は「激突され災害」になります（以後、両方をあわせて「激突災害等」という）。周囲の人、物に注意を払っていないと不意の激突災害等にあってしまいます。また、フォークリフトによる激突災害等では、死亡災害も発生しています。スピードの出しすぎや外輪差による接触は要注意です。

災害にあわないために

　激突災害等を防ぐには、ほかの動いている物と人が同じ場所にいることをしっかり認識することです。また、激突されそうになったときに対処できるよう、周囲の人、物に注意を払うことが大切です。

激突しない・されない歩き方

- 通路や階段を移動の際は走ったりせず、曲がり角などでは、必ず立ち止まり左右を確認する。
- 移動中の歩きスマホは厳禁。よそ見をせず、周囲の動きに注意を払う。
- 横断歩道がある場所では、横断歩道を渡る。

動力運搬機運転の際の危険

　フォークリフトなどの動力運搬機は荷役作業を行う職場で日常的に使用されています。バック走行時の後方確認など周囲の安全確認を怠り、不安全な運転を行うと、激突災害等につながります。

- 運転は資格を持ち、指名されている作業者が行う。
- 運転の際は、作業計画や作業場所の状況、荷物、運行経路を確認し、危険リスクがないかを確認する。
- フォークリフトは後輪操舵のため、曲がるときは後輪が大きく外側にふくらむ。運転者も歩行者もこの外輪差を把握しておく。
- フォークリフトと作業者が接近したら、フォークリフトを一時停止させる。

普通トラック　　　フォークリフト

8 火災を防ごう！

周囲の可燃物養生を怠って、ガス溶断作業を行っていたところ、溶断火花がウレタンフォームに引火し、火災となる。

● 火災とは……

溶接・溶断作業や飲食店での調理業務など、火、熱、火花が発生する火気使用作業は、常に「火災」の危険性をはらんでいます。引火の可能性のある可燃物は面倒だからと養生を怠らず、事前の準備をしましょう。

職場での火災は、作業者や関係者に火傷などの被害を与えるだけでなく、企業にとっても財産的影響や社会的影響が大きく、事前の備えが大切です。

災害にあわないために

火災を防ぐには、「燃焼の３要素」である「可燃物」、「点火源」、「空気（酸素）」が同時に揃わないように対応することが大切です。

火災を未然に防ぐ

- 火気の使用中はその場を離れない。
- 油や油の染み込んだウエスなど、可燃物を放置しておかない。
- 溶接・溶断作業、グラインダ作業など火花の発生する作業では、周囲の物への引火を防ぐため、可燃物は除去、または、不燃シートで養生する。
- 火気使用作業とガソリンや有機溶剤、高圧ガスなど危険物取扱い作業との混在作業は厳禁。

火災が起きたら

火災を発見したら、まずは周りの人に「火事だー！」と、大きな声で知らせます。火災の規模が小さい場合は、消火器などで初期消火活動を行います。大きな火災の場合は、無理をせず避難しましょう。

- 日ごろから、消火器など消防用設備の設置場所と使い方を確認しておく。

9 爆発災害を防ごう！

大量のスプレー缶を廃棄しようと屋内で穴あけ作業をして
いたところ、ガス濃度が高まり、静電気が引火して爆発。

● 爆発災害とは……

　「爆発」は化学物質、可燃性のガスや粉じんが引火することで、気
体が急速に熱膨張する現象です。可燃性の物質が何に反応するのか
など、間違いのないように確認を徹底しましょう。

　ひとたび爆発が発生すると、職場で多くの死傷者を出す重大災害
につながるほか、爆風や有害な化学物質の漏えいなど、近隣住民や
環境にも大きな影響を与えることもあります。

災害にあわないために

　爆発可能性のある物質を取り扱う事業所では、爆発を起こさないための管理基準が定められています。職場の管理マニュアルに従って作業をすることが爆発防止の基本になります。

　また、作業で取り扱う物質がどのようなものであるか、把握しておくことも大切です。

ガス・化学物質による爆発

- ガス容器等に記載の危険有害性を示す絵表示などで、取り扱う物質の性質を確認する。
- 爆発性、発火性、酸化性、引火性などの性質を持つ物質を取り扱うときは、点火源から離し、加熱、摩擦、衝撃を与えない。
- 水と禁水性物質など、接触することで発火、爆発するおそれがある物質同士は、接近して貯蔵、運搬しないように十分注意する。
- 爆発の可能性のある場所で作業をする際は、点火源とならないよう、火花の出ない金属工具や防爆型の照明等を使用する。

粉じん爆発

　空気中に浮遊する細かな可燃性の粉じん（金属、小麦粉など）が一定の濃度に達し引火すると粉じん爆発が発生することがあるため、粉じんの扱いは要注意です。

- 粉じんが大量に堆積すると爆発の危険性が高まるので、定期的に清掃を行う。
- 静電気が粉じんに引火することもあるため、帯電する可能性のある導体は、確実に除電されていることを確認する。

10 感電災害を防ごう！

汗だくになって濡れたままの手で、電動工具のプラグをコンセントに差そうとして感電。

● 感電災害とは……

　「感電災害」は、電気が流れる部分に接触することで、身体に電流が流れ、衝撃を受ける災害です。感電災害は心停止による死亡危険性が高く、低電圧の電気でも発生しています。

　電気器具・設備の点検等の際、電源が切れているかの確認を怠ることや、絶縁用保護具の不使用は危険です。十分な知識を持ち、保護具などを適切に使用しながら、注意を払って行いましょう。

災害にあわないために

死亡災害につながる感電災害は、電線・配線にかかわる作業での発生が最も多く、このほか、アーク溶接機、電動工具などを使用する作業で発生しています。

気温・湿度が高くなる時期（6～9月）には、発汗によって電気が流れやすくなる（皮膚の電気抵抗が低下する）ため、感電災害が急増します。軽装により露出が増えるほか、暑さで絶縁用保護具の着用がルーズになりやすいことも原因です。

電気用ゴム手袋

絶縁用作業着

電気用ゴム長靴

電気取扱い作業の前に

- 人体に電流が流れるのを防ぐため、必ず絶縁用保護具を装着する。
- 絶縁用保護具は、経年劣化するので、定期的に絶縁性能の検査を行う。
- 電動工具使用の際は、アース線を接続するか、または、二重絶縁工具を使用する。

電気設備への対応

- 設備点検など、感電のおそれのある作業を行うときは、電源が切られていることを必ず確認。「スイッチ入れるな」の標識を掛けておく。
- 電気室内の分電盤や天井クレーンのトロリ線、アーク溶接の溶接棒など、露出充電部は触らない。
- 配線類は通路や床にはわせないようにする。通路面にはわせる場合は、覆いなど十分な保護措置を図り、配線の被覆が傷つかないようにする。

労働災害の原因となる不安全行動

　これまで各種の労働災害を見てきましたが、労働災害の多くは「不安全状態」と「不安全行動」が重なって発生します。

■不安全状態

　「不安全状態」は、足元に物が置かれている、機械の整備不良、防護措置が図られていないなど「物」の危険な状態をいいます。もし、不安全状態があったら、改善が必要です。不安全状態に気付いたら、すみやかに職場の上司に報告しましょう。

■不安全行動

　「不安全行動」は、危険な場所に立ち入る、合図・確認をしないで次の動作をする、安全衛生保護具を着用しないで作業を行うなどの「人」の危険な行動です。

　「不安全行動」には、うっかりなどの不注意によって行ってしまう無意識の不安全行動と、危険だとは知っていながらも、「これくらいなら大丈夫だろう」と考えて、そのまま行ってしまう意識的な不安全行動に分かれます。

無意識の不安全行動 (ヒューマンエラー)

- うっかり・ぼんやり
- 聴き間違い・見間違いなどの勘違い
- 思い違い、記憶違い
- やり忘れ
- 思わず（反射的な行動）

無意識の不安全行動を防止するためには、次のような対策を習慣づけましょう。

●指示などはメモをとり、復唱する。

●作業前に作業手順に間違いがないかを確認する。

●少しでも不安なときは確認する。

意識的な不安全行動（リスクテイキング）

●面倒くさいから

●みんなやっているから

●今までも大丈夫だったから

●自分が事故を起こすはずがないから

●誰も見ていないから

　こうした意識的な不安全行動を防ぐためには、職場のルールに従って作業を行うことです。

　職場にはさまざまな安全ルールや決まりごとがありますが、それらは先輩たちが、労働災害を起こさないために知恵を絞り、改善を積み重ねてきた結果できあがったものです。しっかりと頭に入れて、作業に活かしましょう。

　このほか、あせったり、あわてたりしているときは不安全行動が起きやすくなります。また、疲れているときや体調の悪いときも不安全行動をしやすくなりますので、自身の体調管理も大切です。

　不安全行動はしないで一人ひとりが事故・災害を招かぬよう、作業の基本を守り、安全な作業に努めましょう。

指差し呼称で安全確認

　次の作業に取り掛かる際など、作業を安全に、見落としなく進めていくためには、作業の要所要所で「指差し呼称」を行い、確認することが有効です。指差し呼称は目、指・腕、口を動かし、いろいろな感覚を働かせることで、注意力が増し、確認精度が高まるのです。

指差し呼称は、次の手順で行います

❶ 確認すべき対象を しっかり見る

❷ 対象を指で差す

　左手は親指が後ろになるようにして、手のひらを腰にあてる。右腕を伸ばし、人差し指で対象を指差す。呼称項目を「○○」(例、「機械の電源オフ」)と声に出して唱える。

❸ 右手を耳元へ

　右手を耳元まで引き上げながら、対象が本当に良い状態か(正しいか)を考え、確かめる。

❹ 右手を振り下ろす

　呼称項目の確認ができたら、「ヨシ！」と唱えながら、確認対象に向けて右手を振り下ろす。

機械の
電源オフ
ヨイカ

ヨシ！

作業手順書をしっかり守る

　多くの会社では、職場にあるさまざまな作業を安全、確実、効率的に進めるために、適切な作業の進め方を定め、各作業の急所などとともにわかりやすく作業手順書としてまとめています。

　こうした手順書は、過去の労働災害の経験などをもとに、安全と健康を確保するために作られたものであり、作業者はそれらを守らなければなりません。軽率に作業手順を省略することは厳禁です。

標識・表示を確認する

　職場には、注意事項を記載した標識や、職場のルールが表示されています。表示は職場の安全を確保するためのものです。それぞれの意味を理解して、安全な行動を取りましょう。

■標　識

　職場に掲示されている標識の多くは安全衛生関係のものです。危険標識、注意標識などの標識の意味を確認し、安全作業に結び付けてください。特に、立入禁止の標識は大ケガの可能性のある場所を示すものなので、必ず守りましょう。

■GHS表示

　化学物質については、世界共通の表示が定められており、9種類の絵表示があります。化学物質の容器のラベルやSDS（安全データシート）などに記載されています。

〈標識の例〉

立入禁止

転落注意

〈GHS表示の例〉

急性毒性

高圧ガス